어린이 눈높이에 맞는 좋은 책 만들기에 최선을 다하겠습니다.

리틀 씨앤톡

현실은 시시해
게임이 더 좋아!

## 현실은 시시해
## 게임이 더 좋아!

**초판 발행** 2010년 09월 27일
**초판 8쇄** 2017년 12월 10일

| | |
|---|---|
| **글** | 박송이 |
| **그림** | 안훈숙 |
| **발행인** | 이진곤 |
| **발행처** | 씨앤톡 |
| **임프린트** | 리틀씨앤톡 |
| **출판등록** | 제 313-2003-00192호(2003년 5월 22일) |
| **주소** | 경기도 파주시 문발로 405 제2출판단지 씨앤톡 사옥 3층 |
| **전화** | 02-338-0092 |
| **팩스** | 02-338-0097 |
| **홈페이지** | www.seentalk.co.kr |
| **E-mail** | seentalk@naver.com |
| **ISBN** | 978-89-6098-137-9 (73810) |

· 본 책은 저작권법에 의해 보호를 받는 저작물이므로 무단 전재와 복제를 금합니다.
· KC마크는 이 제품이 공통안전기준에 적합하였음을 의미합니다.

| | | | | | | |
|---|---|---|---|---|---|---|
| **모델명** | 현실은 시시해 게임이 더 좋아! | **제조년월** | 2017. 12. 10. | **제조자명** | 씨앤톡 | **제조국명** | 대한민국 |
| **주소** | 경기도 파주시 문발로 405 제2출판단지 | **전화번호** | 02-338-0092 | **사용연령** | 7세 이상 |

리틀씨앤톡 은 씨앤톡 의 어린이 브랜드입니다.

현실은 시시해
# 게임이 더 좋아!

# 뚝딱뚝딱 고민 해결

책읽기보다는 게임을 더 하고 싶고,
다이어트 하기보다는 맛있는 음식을 많이 먹고 싶고,
친구들이 듣기 싫은 별명을 부르지 않았으면 좋겠고,
부모님이 용돈도 더 많이 주었으면 좋겠고….

이것들은 우리 친구들이 늘 생각하는 일들이죠?
여기에는 친구들이 좋아하는 것도 있고 싫어하는 것도
있을 거예요.

하지만 부모님은 늘 이거 하지 마라, 저거 하지 마라며
잔소리를 하시면서 하지 말아야 하는 이유를
잘 알려 주지 않아요. 그래서 고민이 쌓이죠.

그 동안 어린이 친구들이 가지고 있던 고민들을
한번에 뚝딱뚝딱 해결해 주는 이 책은
어떻게 하면 좋은 습관을 들여
건강하고 올바르게 자랄 수 있는지도 알려 준답니다.

이 책을 읽고 좋은 습관을 가지기를 바랍니다.

# 차례

### 제1부
현실은 시시해!      9

### 제2부
고로고로 섬으로 떠나다      23

### 제3부
흑마법사의 퀘스트      35

### 제 4 부
루미의 위기　　　　　　　　　　55

### 제 5 부
잃어버린 기억을 찾아서　　　　65

### 제 6 부
즐거운 나의 집　　　　　　　　91

## 고민 해결사　　　　　　　　　99

# 제1부
# 현실은 시시해!

"저 붉은 눈의 고목나무를 처단하라!"

파일럿 모자에 고글, 천사의 날개, 강철 버클을 착용한 소년은 힘껏 소리를 외쳤어요. 붉은 눈의 나무 몬스터들이 우스꽝스러운 모습으로 뒤뚱뒤뚱 다가오고 있었기 때문이에요.

소년은 들고 있던 검을 꽉 붙잡았어요. 그리고 나무 몬스터가 입에서 뿜어내는 불꽃을 아슬아슬하게 피해 날아올라 빠른 속도로 검을 휘둘렀어요. 공격을 당한 나무 몬스터는 붉은 눈이 점점 빛을 잃어가더니 결국엔 눈앞에서 완전히 사라졌어요.

"우와! 해치웠다! 80렙의 몬스터를 해치웠어!"

소년은 푸른 머리카락을 휘날리며 펄쩍펄쩍 뛰었어요. 몬스터가 사라진 자리에는 고목나무의 수액, 다이아몬드의 원석, 금화 몇 개가 떨어져 있었어요. 하지만 그것보다 소년을 더 설레게 만든 것이 있었어요. 기다리고 기다리던 레벨업의 순간이 찾아온 것이었지요. 곧 소년의 몸 주위를 밝은 빛이 감싸더니 하늘 위로 기둥을 만들며 높이 솟아올랐어요. 그때 누군가 소년을 부르는 소리가 들렸어요.

"고봉아, 어서 일어나!"

순간 소년이 몸에 착용하고 있던 모자며 고글, 날개, 방패, 검들이 모두 사라져 버렸어요. 주위를 감싸던 빛의 기둥마저 사라지자 순식간에 어둠이 찾아왔지요. 당황한 소년은 얼굴을 감싸며 소리쳤습니다.

"난 고봉이가 아냐! 고로고로 섬의 검사, 슈렌이란 말이야!"

고봉이는 서서히 잠에서 깨어났어요. 창문을 통해 들어오는 아침 햇살에 눈이 부셔 얼마 동안 눈을 깜빡였지요. 그때 누군가 방문을 두드리는 소리가 들렸어요.

"최고봉! 너 지금 안 일어나면 또 지각한다!"

엄마가 고봉이를 깨우는 소리였어요. 꿈에서 마지막으로 들었던 바로 그 목소리였지요. 고봉이는 엄마 때문에 중요한 순간이 엉망이 되었다는 것을 깨달았어요.

**"으아아아아악! 엄마 미워!"**

고봉이는 씩씩거리며 방문을 쾅 열고 나왔어요.

"어머, 최고봉! 너 모습이 그게 뭐니? 어제 몇 시에 잤어?"
"어제 잔 거 아냐! 오늘 새벽에 잤단 말이야!"

"너 또 늦게까지 컴퓨터 게임했구나! 엄마가 자기 전에 딱 한 시간만 하라고 그랬는데…!"

엄마는 인상을 살짝 찌푸리며 작은 한숨을 내쉬었어요. 그리고 한 손은 허리에 얹고, 한 손은 이마를 짚으셨지요. 고봉이는 엄마가 이런 행동을 한 후엔 반드시 야단친다는 것을 알고 있었어요. 고봉이는 엄마를 피해 우당탕탕 거실을 가로질러 아빠 품에 폭 안겼습니다. 아빠는 눈을 찡긋거리며 고봉이의 부스스한 머리를 쓰다듬어 주었어요.

"여보. 고봉이 이제 학교가야 하니까 여기서 그만해요. 지각하면 안 되잖아요."
"어머, 벌써 여덟 시가 넘었잖아? 고봉이 너 오늘은 그냥 못 넘어갈 줄 알아! 학교에서 돌아오면 엄마랑 얘기 좀 해."

고봉이는 엄마가 부엌으로 들어가는 모습을 본 후에야 아빠의 품에서 나올 수 있었어요. 그리고 자신을 구해 준 아빠에게 승리의 브이를 보냈어요. 오늘처럼 엄마한테 혼이 날 때면 아빠는 언제나 고봉이의 편이 되어 주곤 했어요. 고봉이는 자신의 마음을 잘 이해해 주고 말도 잘 통하는 아빠가 세상에서 제일 좋았어요.

"왜 엄마는 게임이 재밌다는 걸 모를까요?"
"글쎄. 엄마는 게임을 제대로 해 본 적이 없잖니. 게임의 세계가 어떤 곳인지 알면 우리보다 더 좋아하게 될 걸?"

아빠의 말에 고봉이는 게임에 열중하는 엄마의 모습을 상상해 보았어요. 그 모습이 하도 재미있어서 깔깔 웃어댔지요.

**"하지만 말이야. 지금 고봉이의 모습은 건강하지 못하구나. 게임이 아무리 좋아도 시간을 조절할 줄 아는 사람이 진짜 게이머란다."**

고봉이는 아빠가 방금 한 말을 이해할 수 없었어요. 하루 종일 게임만 해서 실력을 키우는 게 좋았거든요. 학교에 가고 공부를 하고 숙제를 하는 시간 동안 게임을 한다면 최고의 고수가 될 텐데. 고봉이는 아무리 말이 잘 통하는 아빠도 게임만큼은 완전히 이해하지 못한다고 생각했습니다.

학교에 조금 늦게 도착한 고봉이의 눈에 어제 함께 게임을 했던 형욱이가 보였어요. 고봉이는 자기 책상에 털썩 주저앉으며 형욱이에게 화난 목소리로 말했어요.

"서형욱! 어제 먼저 나가 버리면 어떡해!"
"네가 너무 못하니까 지루해서 나갔던 거야."
"나도 이제 잘해. 벌써 50레벨이란 말이야."
"겨우 50레벨 가지고. 난 조금만 더하면 90레벨이라고."

고봉이는 입을 삐죽 내밀며 여자 아이들이 몰려 있는 곳을 바라보았어요. 루미를 보고 기분을 풀기 위해서였죠. 루미는 반에게 가장 인기가 많은 여자아이예요. 인형 같은 얼굴에 마음씨도 착하고 똑똑하기까지 해서 학급 스타로 통했지요.

그때 형욱이가 루미에게 다가가 영어가 잔뜩 쓰여진 초콜릿과 사탕을 한아름 안겨 주었어요. 형욱이 아빠는 외국에 출장을 다녀올 때마다 처음 보는 신기한 선물을 많이 사다 주시는데, 형욱이는 그것들을 학교에 가져와 루미에게 선물로 주고는 했어요.

그런 형욱이를 볼 때면 고봉이는 샘이 났어요. 하지만 무엇보다 샘이 나는 것은 형욱이의 최신형 컴퓨터였어요. 형욱이가 최신형 컴퓨터로 게임하고 있어서 '고로고로 섬의 비밀'에서도 높은 레벨에 있다고 생각했지요. 게다가 집에서 누구의 간섭도 받지 않고 게임을 하는 형욱이가 그렇게 부러울 수 없었어요.

얼마 후 수업이 시작되었어요. 하지만 고봉이는 늦게까지 게임을 해서인지 졸음이 쏟아졌어요.

꾸벅 꾸벅
슝~ 따악!
**"아얏!"**

선생님이 던진 분필이 고봉이의 이마 한가운데에 맞았어요.

"와하하하하!"

고봉이가 이마를 문지르며 인상을 구기자 반 친구들이 한바탕 웃음을 짓습니다. 루미도 함께 웃는 걸 보고 고봉이는 약간 창피한 기분이 들었어요. 하지만 레벨업을 빨리 할 수 있는 방법에 대해 생각하다 보니 창피했던 기분도 곧 사라지고 말았습니다.

수업이 끝난 후, 고봉이는 형욱이에게 다가갔어요. 나중에 게임에서 만나기 위해서였지요.

"서형욱! 이따가 한 시간 뒤에 고로고로 섬에서 만나는 거 잊지 마."
"알았어. 너나 시간 지켜. 하긴 아직 나 정도 되려면 멀었으니 먼저 들어가서 연습이나 하던지."

고봉이는 잘난체 하며 자신을 무시하는 형욱이에게 지기 싫었어요.

"조금만 기다려. 내가 더 열심히 해서 그런 말 못하게 해 줄 테니까!"

고봉이는 쿵쾅거리며 교실을 뛰쳐나갔어요. 형욱이는 그런 고봉이의 모습을 보며 고소하다는 표정을 지었고요.

## 제 2부
## 고로고로 섬으로 떠나다

집에 도착한 고봉이는 엄마에게 인사도 하지 않고 컴퓨터부터 켰어요.

"최고봉. 오자마자 또 컴퓨터부터 켜는 거야? 아직 숙제도 안했잖아!"

고봉이는 신경질을 내며 엄마에게 대답했어요.

"게임할 거 아냐! 숙제하려면 인터넷으로 자료 찾아야 한단 말이야!"

엄마는 화가 나는 것을 참으며 고봉이를 살짝 노려본 뒤 방을 나갔어요. 고봉이는 가슴이 뜨끔했어요. 엄마에게 아무렇지도 않게 거짓말을 한 것이 미안해서였지요. 하지만 그 느낌은 얼마 가지 않았어요. 게임을 시작하자마자 마을 입구에서 잘 나오지 않는 아이템을 주웠기 때문이에요.

그렇게 한창 게임에 빠져 있는데 컴퓨터 화면이 갑자기 꺼져 버렸어요. 조금만 더 하면 레벨업을 할 수 있는데 컴퓨터가 꺼져서 고봉이는 화가 잔뜩 났습니다.

**"으악~ 악! 악!"**
"갑자기 왜 소리를 지르고 그래?"

엄마가 방문을 열고 고봉이를 무섭게 쳐다보았어요.

"죄송해요, 엄마. 숙제에 필요한 자료 찾는데 갑자기 컴퓨터가 꺼져서요. 고장난 거 같으니까 요 옆에 있는 피시방에 가서 숙제 끝내고 올게요. 천 원만 주세요."

입에서 술술 나오는 거짓말에 고봉이는 마음속으로 깜짝 놀랐어요. 이렇게 거짓말을 잘하는 아이인지 몰랐거든요. 엄마는 고봉이의 말을 믿고 선뜻 돈을 내주었어요. 그때문에 고봉이는 더 미안한 마음이 들었지요. 하지만 곧 피시방에서 게임을 할 수 있다는 생각이 기분을 좋게 만들어 주었습니다.

집을 나온 고봉이는 빠른 걸음으로 걸어갔어요. 빨리 피시방에서 게임을 하고 싶었거든요. 그런데 피시방 건너편에 사람들이 와글와글 모여 있는 것이 보였어요. 고봉이는 궁금한 마음에 살짝만 엿보고 가기로 했어요.

사람들 틈에 끼어들어 앞으로 나아가던 고봉이는 깜짝 놀랐어요. 바로 눈앞에 '고로고로 섬의 비밀'에 나오는 도우미 캐릭터 '마야'가 있었거든요.

"제가 낸 문제의 답을 맞히는 분들께 특별 게임 초대권을 드립니다. 환상의 세계로 모험을 떠날 준비 되셨죠?"

마야 누나는 '고로고로 섬의 비밀'에 관한 퀴즈를 내고 있었어요. 그리고 퀴즈의 정답을 맞히는 사람에게 초대권 봉투를 나눠 주었어요. 고봉이는 가슴이 두근거렸어요. 특별 게임 초대권이 있다면 분명 좋은 아이템을 받을 수 있다고 생각했기 때문이었죠.

"자, 이제 마지막 퀴즈입니다. 잘 듣고 맞혀 보세요. 고로고로 섬에는 모든 소망을 이루어 준다는 '이것'이 있습니다. '고로고로 섬의 비밀'에서 가장 강력한 몬스터가 지키는 '이것'은 무엇일까요?"

"여의주, 여의주!"

마야 누나의 말이 끝나기 무섭게 고봉이는 손을 들고 큰 소리로 외쳤어요. 게임에 푹 빠져 있는 고봉이에겐 너무나 쉬운 문제였거든요.

"축하합니다! 게임을 즐길 자격이 충분한 분이네요. 이 초대권에 적힌 곳으로 가면 환상의 세계가 기다리고 있을 거예요."

마야 누나는 환하게 웃으며 고봉이에게 분홍빛 봉투를 주었어요. 카드를 받은 고봉이는 조심조심 봉투를 열어 보았어요. 봉투 안에는 '고로고로 섬으로 초대합니다'라는 글과 함께 약도가 그려진 카드가 들어 있었습니다.

약도에 표시된 곳을 따라 가니 허름한 건물이 하나 있었어요. 학교나 학원을 갈 때마다 항상 지나가는 길이었지만 그동안 한 번도 본 적이 없었던 곳이었지요. 건물 입구에는 '환상의 피시방'이라고 쓰인 간판이 붙어 있었어요. 안으로 들어선 고봉이는 너무 실망스러웠어요. 피시방이라고 할 만한 물건들이 하나도 보이지 않았거든요. 카운터에는 흰색 수염이 덥수룩한 할아버지가 졸고 있었고, 그 앞에 컴퓨터 한 대가 놓인 것이 전부였지요.

"어머! 벌써 도착한 분이 있네요."

입구에서 누군가의 목소리가 들려 뒤돌아보니 조금 전에 보았던 마야 누나가 서 있었어요. 고봉이는 주위를 둘러보며 어깨를 으쓱거렸습니다. 마야 누나는 그런 고봉이를 보고 빙긋 웃으며 말했어요.

"초대권은 가지고 왔나요?"
"그럼요!"

고봉이는 당연하다는 듯이 봉투에서 카드를 꺼내 들었어요. 그 순간 봉투 안에서 황금 열쇠가 바닥에 떨어지며 짤랑 소리를 냈어요. 고봉이는 열쇠를 주워 들며 한참을 바라보았어요. 열쇠를 어떻게 사용하는 것인지 알 수 없었거든요. 그때 마야 누나가 건물 안쪽으로 들어가는 통로 입구에서 고개를 내밀어 고봉이를 향해 손짓하며 말했습니다.

"그 황금 열쇠는 환상의 세계를 열어 줄 아이템이에요. 전 그곳까지 안내하는 마야구요. 이제부터 저만 따라오면 된답니다."

마야를 따라 건물 안으로 들어서니 어두컴컴한 복도가 끝없이 이어져 있었어요. 한참을 걸어가니 눈앞에 커다란 문 하나가 보였습니다. 파란색에 은빛 무늬가 그려진 문에는 자물쇠 하나가 달려 있었어요.

'이 황금 열쇠로 문을 열라는 건가?'

두근거리는 마음으로 열쇠를 자물쇠에 넣고 돌리는 순간, '철컥' 하고 문이 스스르 열렸어요. 고봉이는 미소를 지었어요. 마치 게임 속에서 첫 번째 퀘스트를 통과한 느낌이었거든요.

마야는 입구에 있던 램프를 들더니 앞장섰습니다. 문 안쪽에는 계단이 아래를 향해 끝도 보이지 않게 있었어요. 밤처럼 깜깜한 어둠을 뚫고 계단 끝에 도착한 순간, 믿을 수 없는 광경이 나타났습니다. 주변은 새하얀 모래사장과 푸른 바다가 끝없이 이어져 있었고, 저 멀리 '고로고로 섬'이 보이는 것이 아니겠어요?

제3부
# 흑마법사의 퀘스트

맑고 투명한 하늘. 햇빛을 받아 반짝이는 물결. 이름 모를 나무들이 우거지고 다양한 식물이 자라는 숲. 초록 풀로 뒤덮인 들판 위를 돌아다니는 몬스터들과 게임 캐릭터들. 배를 타고 앞으로 나아가던 고봉이의 눈앞에 어느덧 게임 속 세상이 모습을 드러냈어요.

고봉이는 믿을 수 없다는 듯 몇 번이나 눈을 비비고 볼을 꼬집어 봤어요. 하지만 꿈이 아니었어요. 고봉이의 얼굴은 함박웃음으로 가득했지요.

섬은 여기저기서 게임을 즐기러 온 여행자들과 상점에서 물건을 사고파는 사람들로 활기가 넘쳤어요. 게다가 모두 게임 속에서 봤던 캐릭터와 똑같은 옷을 입고 무기와 아이템을 지니고 있었습니다. 고봉이도 게임 캐릭터 슈렌처럼 되고 싶었어요. 그때 마야가 말을 꺼냈어요.

"이곳 고로고로 섬에서는 얼마든지 게임을 즐길 수 있답니다. 컴퓨터가 아닌 직접 몸으로 체험할 수 있는 기회를 드리는 것이죠. 유저님의 캐릭터 이름은 무엇이었죠?"
"슈렌이요."

마야는 주머니에서 작은 전자수첩 같은 것을 꺼내 들더니 슈렌이라는 이름으로 검색을 했어요. 그러자 화면에 슈렌의 정보가 나왔습니다.

"슈렌 님은 레벨50에 직업은 검사군요. 일단 게임 공간에 들어왔으니, 기본 장비는 제공할 거예요. 만약 슈렌 님이 게임 캐릭터와 같은 모습을 하고 싶거나 좀 더 레벨을 높이고 싶다면 퀘스트 하나를 수행하면 돼요. 바로 흑마법사를 찾아가는 거죠."

마야의 말에 고봉이는 놀랐어요. 흑마법사는 게임 속에서 가장 무서운 캐릭터였거든요. 게임 도중에 흑마법사와 마주치면 그가 조종하는 몬스터에게 공격을 받거나, 마법의 힘으로 레벨이 떨어지기도 했죠. 고봉이는 그냥 기본 장비만으로 게임을 해 보기로 마음먹었습니다.

마을로 들어가는 입구에서 마야는 마법을 이용해 고봉이의 팔목에 '999'라는 작은 글씨를 새겨 주었어요. 고봉이는 고로고로 섬에 999번째로 도착한 여행자였던 것이죠. 그리고 한 가지만은 꼭 지켜 달라고 당부했습니다.

**"이름을 잊지 마세요. 이름을 잊어버리면 돌아가는 길을 잃어버리게 된답니다."**

고봉이는 꼭 지키겠다고 다짐을 하고는 씩씩하게 섬 안쪽을 향해 나아갔습니다.

마을 근처 사냥터에서는 많은 사람들이 몬스터 사냥을 하고 있었어요. 게임 속에서만 봤던 몬스터들을 직접 본 고봉이는 몬스터와 싸우다가 공격을 받으면 아픈 건 아닌지, 혹시 죽지는 않는지 하며 살짝 겁이 났습니다. 이런 생각을 하는데 한 몬스터가 눈에 들어왔어요. 초급자들이 가장 많이 사냥하는 호박 몬스터 '펌피'였지요.

'그래! 저 녀석은 세지 않으니까 위험하진 않을 거야.'

고봉이는 검을 꽉 움켜쥐며 펌피에게 조심스럽게 다가갔습니다. 하지만 펌피는 고봉이가 있다는 것을 눈치 채고 재빨리 달려들었어요. 갑작스런 펌피의 반응에 검을 휘두르던 고봉이는 그만 발이 엉켜 데구르르 구르고 말았어요. 고봉이는 약이 올랐습니다. 하지만 펌피는 고봉이의 검을 요리조리 피하며 더욱 약을 올렸어요.

검을 휘두르다 지친 고봉이는 무릎에 손을 얹고 헉헉 숨을 내쉬었어요. 컴퓨터 게임에만 빠져 운동을 게을리 했던 것이 후회가 되었지요.

그때 펌피 뒤에서 두건을 쓴 남자아이가 살며시 나타났어요. 그러고는 펌피를 향해 올가미를 던져 순식간에 잡아 버렸지요. 펌피는 몇 번 버둥대다가 색색의 빛 방울들과 함께 사라졌습니다. 펌피가 사라진 자리에는 요요가 떨어져 있었어요. 남자아이는 요요가 필요 없다며 고봉이에게 주었어요.

"고마워. 섬에 도착해서 처음으로 사냥해 보는 건데 꽤 힘드네."
"컴퓨터로 할 때와는 완전히 다르지. 난 여기서 다섯 달이나 지냈지만 아직 레벨30이야."

고봉이는 믿을 수 없었어요. 펌피를 잡는 모습으로는 실력이 높아 보였는데, 생각했던 것보다 레벨이 낮았기 때문이에요. 그때 마야가 알려 준 흑마법사의 퀘스트가 생각났어요.

"흑마법사를 찾아가서 캐릭터의 모습으로 바꿔 달라고 하면 되잖아."
"이런… 너 흑마법사가 얼마나 무서운지는 아는 거야?"
"당연하지. 하지만 그동안 컴퓨터로 쌓아 왔던 레벨과 아이템이 아깝잖아."

고봉이의 말에 남자아이는 한숨을 내쉬더니 더 이상 아무 말도 하지 않고 숲 속으로 사라졌습니다.

드넓은 벌판에서 신나게 돌아다니는 동안 어느덧 고로고로 섬의 태양은 저물고 있었습니다. 잠시 쉴 곳을 찾기 위해 마을 주변을 돌아다니던 고봉이는 버섯 모양의 집 앞을 지나가다 살짝 안을 들여다보았어요. 창문 너머의 식탁에는 갖가지 채소로 만든 싱싱한 샐러드와 호박스프가 놓여 있었어요. 그 앞에는 한 아이가 아빠와 즐겁게 이야기를 하고 있었지요. 엄마가 갓 구운 빵을 오븐에서 꺼내 오자 어느새 작은 식탁은 가족들로 꽉 찼습니다.

가족들의 얼굴엔 밝은 웃음이 떠나질 않았어요. 맛있는 음식을 먹으며 쉴새없이 이야기꽃을 피웠습니다. 그 모습을 바라보던 고봉이의 눈가엔 작은 이슬이 맺혔어요. 집에 있는 가족들 생각이 몽글몽글 피어났기 때문이었습니다.

'지금쯤 다들 식탁에 모여 앉아 저녁을 먹고 있겠지?'

고봉이는 자신이 엄마 아빠와 즐겁게 대화를 나누며 밥을 먹었던 때가 언제였는지 생각해 보았지만, 기억이 나지 않았어요. 컴퓨터 게임을 시작하면서부터 식탁에 오래 앉아 있었던 적이 거의 없었거든요. 밥을 먹으며 대화를 나눈 시간도 많지 않았어요. 엄마가 학교에서 있었던 일을 물어볼 때면 귀찮아서 그냥 퉁명스럽게 말할 때가 많았지요. 밥을 먹으면서도 고봉이의 머릿속엔 온통 게임 생각뿐이었으니까요.

하지만 지금은 엄마 아빠와 식탁에 둘러앉아 엄마가 만들어 준 음식을 먹고 싶은 마음이 굴뚝같았어요. 고봉이는 눈물을 닦으며 근처 숲으로 들어가 나무 열매로 배를 채운 후 피곤에 지쳐 잠이 들었습니다.

수평선 너머로 떠오르는 태양이 새로운 아침을 알렸습니다. 고봉이는 따스한 햇살을 받으며 한껏 기지개를 켰어요. 꿈속에서 가족들의 얼굴을 보아서인지 어제의 그리움은 조금 나아졌습니다. 고봉이는 서둘러 짐을 챙긴 후 몬스터 사냥을 시작했어요.

오늘 처음 마주친 몬스터는 툴라입니다. 툴라는 거미줄을 쏘아 상대방을 꼼짝 못하게 한 다음 치명적인 독으로 서서히 녹게 만드는 능력을 지녔지요. 툴라를 코앞에서 마주친 고봉이는 깜짝 놀랐지만 곧 여유를 되찾았습니다. 그동안 게임을 하면서 가장 많이 사냥했던 몬스터였거든요.

고봉이는 검을 들어 툴라의 약점인 거미줄이 나오는 곳을 정확하게 후려쳤어요. 공격을 당한 툴라는 허둥지둥 도망쳤지만 곧 검의 마력을 높여 주는 은색 물약을 남기고는 사라졌습니다.

고봉이는 콧노래를 부르며 아이템을 주웠어요. 그때 어디선가 화살 하나가 날아와 고봉이의 눈앞을 지나 바위 쪽으로 날아갔습니다. 고봉이는 너무 놀라서 그 자리에 털썩 주저앉았어요. 화살이 날아온 방향을 바라보던 고봉이의 눈은 왕방울만큼 커졌습니다. 그곳엔 엄청난 힘이 느껴지는 형욱이가 서 있었거든요.

"혀, 형욱아!"

고봉이는 놀라기도 하고 반갑기도 해서 말을 더듬으며 형욱이를 불렀어요. 하지만 형욱이는 고봉이를 지나쳐 화살을 날린 바위 쪽으로 성큼성큼 걸어갈 뿐이었어요. 바위 위에는 붉은 전갈 몬스터가 죽어 있었습니다.

"야! 서형욱! 친구를 대하는 태도가 그게 뭐야?"
"친구? 누가 친구라는 거야?"

소리를 지르는 고봉이에게 형욱이는 눈을 가늘게 뜨며 말했어요. 혹시 놀리는 게 아닌가 싶어 고봉이는 형욱이에게 다가가 어깨를 툭 쳤지요.

"헤헤. 너 지금 장난하는 거지?"
"초급 검사 주제에 건방지게 내 어깨에 손을 얹다니. 다음부터는 조심해!"

고봉이는 형욱이의 차가운 태도에 놀랐어요. 진짜 자신을 알아보지 못하는 것 같아 어리둥절하기도 했고요. 하지만 자기를 초급 검사라고 말한 것이 못마땅했어요. 평소 형욱이에게 느꼈던 열등감이 되살아났습니다. 씩씩거리던 고봉이는 곧 중대한 결심을 내렸어요. 흑마법사를 찾아가는 퀘스트를 진행하기로 한 것이죠.

'서형욱 너, 어디 두고 봐! 다시는 날 무시하지 못하도록 만들어 줄 테니까!'

몇 날 며칠을 고생하며 도착한 흑마법사의 성은 숲에서 본 나무들처럼 삐죽삐죽했고, 까마귀처럼 검은색이었어요. 고봉이는 괴상하게 생긴 그림이 그려진 문 앞에 서서 침을 꿀꺽 삼켰어요. 그리고 숨을 크게 한 번 몰아쉰 후에 문을 살며시 열고 들어갔습니다.

성 안은 앞이 보이지 않을 만큼 컴컴했어요. 안으로 들어선 고봉이는 천천히 한 발 한 발 앞으로 걸어갔습니다. 무서워서 돌아갈까도 생각했지만 주먹을 꽉 쥐며 용기를 내었어요. 높은 천장의 홀을 지나자 커다란 방 하나가 눈앞에 나타났습니다. 문을 열고 들어가니 방 한가운데에 책상이 놓여 있었고, 바로 그곳에 흑마법사가 앉아 있었습니다.

"네가 바로 슈렌이구나."

마법사는 약간 쉰 소리를 내며 눈웃음을 지었습니다. 그러자 눈가에 주름이 만들어졌어요. 그 모습이 꼭 할아버지와 닮아서 고봉이는 그만 웃고 말았습니다. 자신도 모르게 터져 나온 웃음에 급히 손으로 입을 막자, 흑마법사는 껄껄 웃으며 고봉이의 등을 토닥여 주었습니다.

"괜찮다. 내 앞에선 마음껏 웃어도 돼."

그 말에 고봉이는 마음이 놓이는 것 같았습니다. 그리고 흑마법사에게 자신의 소원을 말했어요.

"흑마법사님! 전 제 캐릭터처럼 되고 싶어요. 흑마법사님은 그 소원을 들어준다고 하던데, 정말인가요?"
"그럼. 물론이지. 원하는 것은 내가 다 들어줄 수 있단다! 하지만 한 가지 약속이 있어. 고로고로 섬에 있는 동안 너의 진짜 이름을 내게 맡기는 거란다."

고봉이의 생각에는 어려울 것이 없었습니다. 단지 이름을 맡기기만 하면 되었으니까요.

"그 약속 지킬게요! 문제 없어요."

고봉이의 씩씩한 대답에 흑마법사는 너털웃음을 지었습니다. 그리고 곧 다양한 아이템들과 충분한 식량을 고봉이에게 주었어요. 물론 레벨도 높여 주었고요.

'**서형욱, 다음 번에 만나면 본때를 보여주겠어!**'

고봉이는 흑마법사와 인사를 한 후 자신감 넘치는 표정으로 성을 나왔습니다.

# 제 4 부
# 루미의 위기

흑마법사와 만난 이후 고봉이는 더욱 게임에 빠져들었어요. 그리고 가끔씩 흑마법사로부터 퀘스트를 받으면 착실히 수행했지요. 그럴 때마다 흑마법사는 고봉이에게 맛있는 음식과 희귀 아이템을 주었습니다.

하지만 고봉이는 가끔 가족들 생각에 울적해졌어요. 그럴 때면 형욱이를 생각하면서 더 열심히 해야겠다고 마음먹었지요. 그래도 여전히 생각나는 사람이 있었어요. 바로 루미였지요.

"이 섬에 루미와 함께 있으면 얼마나 좋을까!"

다음날 아침, 고봉이는 누군가 자신의 어깨를 흔들어 깨우는 바람에 눈을 떴습니다. 그런데 놀랍게도 눈앞에 루미가 서 있는 게 아니겠어요? 그때 올빼미의 모습을 한 흑마법사의 전령이 돌돌 말린 종이를 툭 던져주고 날아갔습니다.

**고로고로 섬에서 성실하게 살아가는 슈렌에게 특별 선물을 내리노라.**

  - 흑마법사 -

고봉이는 너무 기쁜 나머지 흑마법사가 살고 있는 성을 향해 넙죽넙죽 절을 했습니다. 그 모습을 바라보던 루미가 말을 꺼냈습니다.

"너 지금 뭐하는 거니? 아니, 그것보다 대체 여긴 어디야? 분명히 어젯밤에 침대에서 잤는데 아침에 눈을 떠 보니 여기에 와 있는 거야. 아는 사람은 너밖에 없고….."

"넌 지금 게임 속의 고로고로 섬에 와 있는 거야"

"뭐? 그게 무슨 말이야? 내가 게임 세계로 들어왔다고? 말도 안 돼. 어떡하면 좋아!"

루미는 금방이라도 울 것 같았어요. 고봉이는 그런 루미를 보고 싱긋 웃으면서 말했어요.

"이곳에선 신나게 게임을 하며 여행을 즐길 수 있어. 섬에는 재미있는 것이 가득해. 하나하나 구경시켜줄 테니 나만 따라와!"

루미는 평소 게임을 하지 않았습니다. 대신 책을 읽거나 텔레비전 보는 걸 좋아했지요. 그런 루미가 이곳 고로고로 섬을 마음에 들어 할 리는 없겠죠?

고봉이가 섬 이곳저곳에 대해 알려 주고, 신기한 것을 보여 주어도 루미는 걱정스러운 표정만 지었습니다.

시간이 흐를수록 고봉이의 레벨은 더욱 높아졌습니다. 흑마법사는 나날이 레벨이 올라가는 고봉이를 칭찬했어요. 그리고 레벨 180이 되면 자신의 소중한 보물을 지키는 수제자로 받아들여 주겠다는 약속도 했습니다. 그것은 모든 소망을 이루어 준다는 고로고로 섬의 보물 '여의주'였어요.

고봉이는 루미와 함께 이곳저곳을 누비며 사냥하는 데 열중했습니다. 가끔은 잠을 자는 것도 잊을 정도였지요. 루미는 점점 말을 잃어가는 고봉이가 이상했어요. 결국 참았던 이야기를 하기로 결심했습니다.

"최고봉. 이제 그만 돌아가자. 여기 생활은 모든 것이 가짜처럼 느껴져."

"최고봉이 누구야? 난 슈렌이야. 루미 너도 돌아만 다니지 말고 게임을 즐겨 봐. 레벨이 오를수록 점점 강해지는 걸 느낄 수 있다고."

"제발 정신 좀 차려! 넌 평화초등학교에 다니는 최고봉이야. 몬스터 따위를 사냥해서 강해지는 검사가 아니란 말이야!"

루미가 갑자기 화를 내자 고봉이는 당황했어요. 하지만 곧 어른스러운 표정을 짓고는 말했습니다.

"루미, 너 정말 바보 같아. 내가 있어야 할 곳은 이곳이야. 돌아가고 싶으면 너나 돌아가!"

"그래, 그럼 나 혼자라도 갈 테니 잘 있어. 부디 네가 예전의 내 친구로 돌아왔으면 좋겠다."

루미는 이렇게 말하고는 뒤돌아섰습니다. 그런데 갑자기 루미의 몸에서 변화가 일어났어요. 몸이 점점 작아지더니 귀가 뾰족해지고 머리에 더듬이 같은 것이 생겨나는 것이었습니다. 그리고 등에는 투명한 날개가 돋아났습니다. 바로 요정이 되어 버린 거예요. 고봉이는 너무 놀랐습니다. 당황한 루미도 어쩔 줄 몰라 하며 고봉이의 주위만 날아다녔어요.

"루… 루미야! 너 어떻게 된 거야?"

루미는 울상을 지으며 고개를 가로저었어요. 그리고 손을 입으로 가져가 양 옆으로 흔들어 보였습니다.

"루미 너, 말을 못하게 된 거야?!"

루미는 고개를 끄덕였어요. 그리고 도와 달라는 표정을 지으며 보석 같은 눈을 깜빡였지요. 루미의 큰 눈에서 눈물이 방울방울 나와 고봉이의 얼굴 위로 똑똑 떨어졌습니다. 그 순간 고봉이는 정신을 번쩍 차렸습니다. 루미의 눈물에 온 몸의 신경이 되살아난 것 같은 기분이었어요. 고봉이는 루미가 이렇게 된 것이 모두 자기 때문이라는 걸 깨달았습니다.

"미안해, 루미야. 네가 이렇게 된 건 다 나 때문이야. 어서 이곳을 벗어나 널 본래의 모습으로 만들어 주겠어. 준비 됐지?"

루미는 고봉이를 올려다보며 고개를 끄덕였습니다.

**"자, 그럼 원래 있던 곳으로 돌아가는 거다!"**

고봉이는 큰 소리로 외치며 숲길을 내달렸습니다.

제 5 부

# 잃어버린 기억을 찾아서

"쿠르릉……. 꽝! 꽝!"

마을 밖으로 빠져나가는 숲길에 들어서자 잔뜩 찌푸린 하늘에서 갑자기 천둥번개가 쳤습니다. 그리고는 곧 장대같은 비를 퍼부어 댔어요.

고봉이는 숨이 턱까지 차 고통스러웠습니다. 게임 밖으로 빠져나가는 길이 나오질 않아 벌써 몇 시간째 달리고 있었기 때문입니다. 그러던 중, 마야가 꼭 지켜 달라고 했던 이야기 하나가 떠올랐습니다. 바로 이름을 잊지 말라던 것이었죠.

고봉이는 자신의 이름이 기억나지 않아 당황했어요. 슈렌이라는 이름만이 떠오를 뿐이었죠. 순간 흑마법사에게 자신의 이름을 맡겼다는 사실이 떠올랐어요. 고봉이는 그를 찾아가서 물어보기로 했습니다. 그런데 그때 시커먼 그림자가 눈앞을 가로막았어요. 그 정체는 다름 아닌 몬스터 가고일이었습니다. 머리에는 커다란 뿔과 박쥐의 날개 같은 것도 달려 있었어요. 고봉이는 가고일이 내뿜는 섬뜩한 기운에 무서운 마음이 들었지만, 흑마법사에게 가야 한다는 생각에 무작정 덤벼들었어요.

"끼에에엑!"

가고일은 빠른 움직임으로 고봉이의 검을 피한 후, 입에서 불꽃을 내뿜었습니다. 불꽃은 내리는 비를 가르며 고봉이에게로 날아들었어요. 고봉이는 간신히 가고일의 공격을 피했습니다.

하지만 고봉이가 잠시 머뭇거리는 사이, 가고일은 다시 한 번 불꽃을 내뿜었습니다. 고봉이는 깜짝 놀라 눈을 질끈 감았습니다. 그런데 불 때문에 뜨거워야 할 몸에 아무 일도 일어나지 않았어요. 살며시 눈을 떠 보니 루미가 마법을 이용해 가고일의 공격을 막고 있었습니다. 루미는 요정으로 변하면서 마법을 사용할 수 있는 능력이 생겼던 거예요. 고봉이는 이 기회를 놓치지 않고 검으로 가고일의 눈을 칼로 찔렀습니다.

"키야악~!!"

가고일은 검에 찔리자 뒤로 물러섰습니다. 고봉이는 씨익 웃음을 지어보였습니다. 하지만 그 웃음도 오래가지 않았어요. 수풀 여기저기서 다른 가고일들이 끝도 없이 나타났기 때문이에요. 고봉이는 어떻게 해야 할지 몰라 루미를 꼬옥 끌어안았습니다.

그 순간 고봉이가 서 있는 땅 주변으로 빛으로 된 원 하나가 빙 둘러쳐졌습니다. 가고일들은 원 안으로 들어오지 못했어요.

"어서 이쪽으로!"

뒤쪽에서 누군가 소리쳤습니다. 뒤돌아보니 마야가 손을 내밀고 서 있었어요. 고봉이는 마야의 손을 잡고 무작정 뛰었습니다.

그렇게 한참을 뛴 고봉이와 마야, 루미는 작은 동굴에 몸을 숨겼어요. 고봉이 일행을 발견하지 못한 가고일들은 찾기를 포기하고 날개를 휘저으며 다른 곳으로 날아갔습니다.

"휴우~ 다행이다. 위험했는데 구해줘서 고마워요."

고봉이는 차가운 땅바닥에 털썩 주저앉으며 마야를 향해 말했습니다. 루미는 마야의 주변을 맴돌다가 어깨에 살며시 앉아 마야에게 꾸벅 인사를 했지요.

"어머, 이 사랑스러운 요정은 누구인가요?"

마야는 다정한 눈길로 루미를 바라보며 손가락으로 머리를 쓰다듬어 주었습니다. 고봉이는 루미에게 일어난 일에 대해 설명했지요. 가만히 듣고 있던 마야는 고봉이에게 중요한 이야기를 하기 시작했어요.

"슈렌 님이 선한 마법사로 알고 있는 흑마법사의 모습은 진짜가 아니에요. 사실 흑마법사는 무시무시하고 욕심 많은 게임의 마스터랍니다. 게임에 빠진 사람들의 영혼을 빼앗아 부하로 만들어 버리죠. 처음 흑마법사와 계약을 할 때 진짜 이름을 자신에게 맡기라고 하는데, 이름을 맡기는 것에는 중요한 의미가 담겨 있답니다. 이름 속에는 각자의 영혼이 담겨 있으니까요."

"흑마법사에게 영혼을 빼앗기면, 어떻게 되는 건가요?"

"결국에는 몬스터로 변하고 말아요. 그리고 또 한 가지. 고로고로 섬을 영원히 빠져나가지 못한답니다."

"그럼 흑마법사에게서 영혼을 되찾아오려면 어떻게 해야 하나요?"

"자신의 진짜 이름을 찾으세요. 흑마법사는 빼앗은 이름을 여의주 속에 보관한답니다. 자기 마음대로 게임 세계를 다스릴 수 있는 것도 모두 여의주 덕분이에요. 슈렌 님이 흑마법사에게서 여의주를 되찾으면 모든 것이 원래대로 돌아갈 거예요."

마야는 여의주가 있는 곳을 알려 주고는 눈앞에서 사라졌습니다.

마야가 알려준 곳은 온통 진흙과 늪지대로 뒤덮여 있었습니다. 주위에는 살아있는 생명을 찾아볼 수 없었어요. 모든 것이 잠들어 있는 것 같았지요. 그때였어요.

"쿠르륵."

호수가 부글거리는 소리와 함께 거품을 조금씩 내뱉더니 요란한 물보라를 일으켰어요. 물보라가 사라지자 거기에는 무서운 표정의 이무기가 고봉이 일행을 노려보고 있었습니다. 여의주를 지키는 몬스터였죠.

이무기의 몸은 검은 비늘로 덮여 있고, 갈퀴 모양의 지느러미가 귀처럼 머리 양쪽에 달려 있었습니다. 쭉 찢어진 눈에선 붉은 광채가 빛났습니다.

**"누가 감히 이 신성한 지역에 들어왔느냐!"**

이무기는 고봉이를 향해 외쳤습니다. 쩌렁쩌렁한 그 소리에 고봉이는 겁이 났어요. 하지만 소중한 기억을 영원히 잃고 싶지 않다는 마음이 용기를 주었습니다.

"나는 검사 슈렌이다! 아니, 사실은 진짜 이름이 따로 있어. 그 이름을 되찾기 위해 여의주를 가지러 왔다!"

고봉이는 있는 힘을 다해 큰소리로 말했습니다. 이무기는 가소롭다는 듯이 콧김을 훅훅 내뿜었습니다.

"건방진 녀석. 감히 흑마법사 님의 여의주를 내놓으라고 하다니. 다시는 그런 소리를 못하게 해 주마!"

이무기는 커다란 입을 벌리며 고봉이에게 달려들었어요. 간신히 몸을 피한 고봉이는 진흙 속을 뒹굴었습니다. 날카로운 이빨을 드러낸 이무기는 공격을 멈추지 않았어요. 고봉이도 이리저리 있는 힘껏 피했지만 이무기의 엄청난 위력에 금방 체력이 떨어지는 것을 느꼈습니다.

"겨우 이 정도 실력으로 여의주를 찾으려는 게냐?"

이무기는 가소롭다는 표정을 지은 후 사나운 얼굴을 하고 고봉이 쪽으로 몸을 구부렸습니다. 고봉이는 검으로 있는 힘껏 이무기를 내리쳤어요. 하지만 검만 두 동강이 나고 말았죠. 무기가 없어진 고봉이는 재빨리 주머니를 뒤졌지만 작은 요요 하나밖에 없었어요. 그때 다시 이무기가 공격을 해왔어요. 고봉이는 눈을 질끈 감고 있는 힘을 다해 요요를 이무기 쪽으로 던졌습니다. 요요는 이무기의 턱 안쪽에 가서 맞았어요. 요요를 맞은 이무기는 소리를 지르고 고통스러워 하며 몸을 비틀었습니다.

비늘이나 뼈처럼 단단한 것들이 없는 턱 안쪽이 바로 이무기의 급소였던 거예요. 고봉이는 이때를 놓치지 않고 이무기의 몸에 올라타 요요를 번쩍 들어요. 그리고 턱을 향해 내리치려고 했습니다. 하지만 그 순간, 흐릿하게 새겨진 글씨를 보고 움직일 수 없었어요.

'**첫 번째 유저!**'

이무기는 원래 몬스터가 아니었던 것입니다. 고로고로 섬에 처음으로 입장한 인간이었던 거죠. 그때 고봉이는 이무기에게서 이상한 행동을 발견했어요. 조금씩 머리를 까딱거리며 왼쪽 눈을 깜빡이는 것이었습니다. 그 순간 고봉이의 머릿속에는 친구 한 명이 떠올랐습니다.

고봉이가 친구를 떠올리며 방심하는 사이 이무기가 고봉이를 향해 꼬리를 날렸습니다. 그리고는 쓰러진 고봉이를 칭칭 감아 늪 속으로 던져 버렸어요. 늪에 빠진 고봉이는 빠져나오려고 발버둥을 쳤습니다. 그럴 때마다 몸은 더욱 아래로 빠져 들어갔지요. 고봉이는 가슴까지 차오르는 진흙 때문에 가쁜 숨을 몰아쉬며 이무기에게 말했습니다.

"너는 몬스터가 아니야! 원래는 사람이었다고. 예전에 나와 친구 사이였던 거, 기억 안 나?"

"죽음이 다가오니 친한 척하며 살려달라는 건가? 내가 너 따위 인간과 친구였을 리가 없지. 난 흑마법사 님의 충실한 부하일 뿐이다!"

고봉이는 현실을 깨닫지 못하는 친구가 안타까웠습니다. 예전에 루미가 자신을 보고 생각했을 마음을 알 것 같았어요. 그리고 게임만 하던 자신을 깨우치게 하기 위해 애를 쓰시던 부모님의 모습도 기억해 냈습니다. 부모님은 게임 속의 세상은 가짜일 뿐이라는 것을 알고 계셨던 거죠. 그 진실을 모르는 고봉이가 얼마나 답답했을까요?

고봉이는 자신의 친구였던 이무기가 누구였는지 기억해 내기 위해 정신을 집중했어요. 그리고 마침내 이무기의 영혼을 깨우는 단어 하나를 생각해 냈지요.

"서형욱! 그래. 네 진짜 이름은 형욱이었어!"

고봉이는 그 말을 끝으로 늪 속으로 사라졌습니다. 형욱이라는 이름을 들은 이무기는 멈칫했습니다. 붉은 광채를 내뿜던 눈은 검은색으로 변했지요. 이무기의 머릿속에서 예전의 형욱이었던 모습이 되살아났습니다. 이무기는 진짜 이름을 불러준 사람이 자신의 친구였다는 걸 기억해 낸 후 재빨리 늪 속으로 몸을 날렸어요. 고봉이를 늪 밖으로 데리고 나온 이무기는 마법을 이용해 친구의 입에 숨을 불어넣었습니다.

"콜록 콜록"

의식을 잃었던 고봉이는 갑자기 숨을 내쉬며 기침을 했습니다. 슬쩍 눈을 떠서 옆을 바라보니 루미가 눈물이 그렁그렁한 눈으로 고봉이를 바라보고 있었어요. 고봉이는 괜찮다는 뜻으로 루미의 손을 꼬옥 붙잡았습니다. 몸을 일으켜 주위를 둘러보니 이무기가 보이질 않았습니다. 그 순간 이무기가 물보라를 일으키며 다시 모습을 드러냈습니다. 입에 여의주를 물고 말이지요. 이무기는 여의주를 고봉이의 손에 올려놓았습니다.

"내 영혼을 깨워 준 보답이야. 고마워, 친구!"

그때 갑자기 하늘이 어두워지기 시작하더니, 흑마법사가 나타났습니다.

"여의주를 가진 자여, 그대는 나의 뛰어난 부하이자 고로고로 섬의 용맹한 검사 슈렌이다! 그 여의주를 내게 돌려 주면 고로고로 섬을 그대에게 주겠노라!"

흑마법사의 감미로운 목소리가 바람을 타고 고봉이의 귀에까지 흘러들어왔습니다. 하지만 고봉이는 흑마법사의 꾐에 넘어가지 않았습니다.

"난 슈렌이 아니야! 우리들은 꼭 원래 있던 곳으로 돌아가겠어!"
"감히 고로고로 섬의 지배자인 나를 배신하다니. 가만두지 않겠다!"

흑마법사는 마법으로 무서운 몬스터들을 부르기 시작했습니다. 고봉이는 무서움에 온 몸을 부들부들 떨었습니다. 그때 이무기가 소리쳤어요.

**"뭐하는 거야? 어서 여의주에 소원을 빌어!"**

이무기의 말에 정신을 차린 고봉이는 여의주를 쥔 손을 번쩍 들어올렸습니다. 그리고 잠시 눈을 감고 무슨 소원을 빌어야 할지 고민하더니 흑마법사를 향해 소리쳤습니다.

"신비한 힘의 여의주여! 흑마법사를 없애고 우리들을 원래 있던 곳으로 돌려보내 줘!"
"안 돼! 너희들은 게임을 계속 해야만 해……!"

그 순간 흑마법사의 모습이 눈 같이 하얀 옷을 입은 백마법사의 모습으로 바뀌기 시작했어요. 그리고 여의주는 오색찬란한 빛을 비추며 천천히 하늘로 떠올랐어요. 섬의 모든 사람들이 볼 수 있을 정도로 높이 솟아올랐지요.

여의주 주변을 감싸던 찬란한 빛은 점점 커졌어요. 컴컴했던 하늘은 태양빛으로 가득 찼고, 어둡고 추웠던 숲속은 환하고 따뜻한 장소로 변했어요. 어두운 기운에 싸여 있던 고로고로 섬은 밝고 활기찬 모습으로 다시 태어나 새로운 생명의 기운으로 넘쳐났어요.

고봉이는 섬이 아름답게 변하는 모습을 지켜보았습니다. 눈앞에는 원래의 모습을 되찾은 루미와 형욱이도 해맑게 웃고 있었습니다. 고봉이는 친구들과 얼싸안으며 기쁨을 나누었습니다. 백마법사는 밝은 기운을 되찾은 고로고로 섬을 둘러보고는 흡족한 미소를 지으며 고봉이에게 말했습니다.

"그대의 이름은 무엇인고?"
"고봉이에요. 최고봉!"

"난 고로고로 섬의 진짜 마스터, 백마법사란다. 흑마법사에 의해 그동안 그의 마음에 잠들어 있었지. 그런데 네가 날 잠에서 깨워 주었구나. 흑마법사의 못된 마법에 걸려 있던 섬을 되찾아 주었어. 이 모든 것은 고봉이 네가 진짜 이름을 기억해 내고, 네가 있어야 할 곳을 깨달았기 때문이란다. 현실로 되돌아가야 한다는 너의 간절한 소망이 잠자고 있던 여의주의 힘을 깨운 것이지."

그 말을 들은 고봉이는 왠지 어깨가 으쓱했어요. 그리고 이 모든 건 옆에서 도와준 친구들이 있었기에 가능했다는 것도 알고 있었죠. 하지만 불안한 마음은 여전히 남아 있었습니다.

"혹시 흑마법사가 다시 깨어나면 어쩌죠?"
"흑마법사는 사람들이 게임에 중독될수록 힘을 얻지. 만일 누군가가 게임에 빠져있을 때, 그들의 열망이 흑마법사에게 전해질 정도로 강력하다면 다시 깨어날 수도 있어. 게임에 중독되는 사람들이 늘어나면 늘어날수록 흑마법사의 기운은 더욱 강해지는 거란다."

백마법사의 이야기를 들은 고봉이는 예전에 게임에 빠졌던 기억을 떠올리며 창피함에 얼굴을 붉혔어요. 그리고 앞으로는 절대 그런 일이 없을 거라며 굳게 다짐을 했어요. 진짜 이름과 모습을 되찾은 고봉이와 형욱이, 루미는 고로고로 섬을 뒤로 하고 현실로 향했어요. 배를 타고 섬을 떠나는 그들의 마지막 길을 마야가 배웅했습니다.

# 제 6부
# 즐거운 나의 집

**"우당탕탕!!!"**

햇살이 따뜻한 일요일 아침.
고봉이의 집은 바쁘게 뛰어다니는 발소리로 요란했어요.

"아침부터 무슨 일이니?"

하품을 하며 방을 나온 엄마는 눈앞에 펼쳐진 광경을 믿을 수가 없었습니다. 고봉이가 부엌에서 아침 식사 준비를 하고 있었기 때문이었어요. 가스레인지 위의 냄비에는 국물이 보글보글 끓고 있었고, 프라이팬에는 계란이 노릇노릇 구워지고 있었지요. 그때 밥솥에서 밥이 다 되었다는 신호를 보냈어요. 고봉이는 감자를 전자레인지에 돌리다 말고 밥솥 쪽으로 달려갔어요.

"으윽! 밥이 왜 이렇게 됐지?"

주걱으로 밥을 퍼서 맛을 보던 고봉이는 이마를 찌푸렸어요. 그때 전자레인지에서 펑 하는 소리가 들렸습니다. 동시에 냄비 속의 국물은 밖으로 끓어 넘치고, 프라이팬에서는 계란이 새까맣게 타고 있었습니다.

**"앗! 감자! 국! 아니, 계란!"**

고봉이는 뭐부터 해야 할지 몰라 갈팡질팡 하다가 놀란 얼굴로 자신을 바라보는 엄마와 눈이 마주쳤어요. 그리고 바보 같이 웃으며 머리를 벅벅 긁었어요. 그때 현관에서 초인종 벨소리가 울리며 동시에 고봉이를 부르는 친구들의 목소리도 들렸습니다.

"고봉아! 준비 다 했어?"
"오케이! 잠깐만 기다려."

고봉이는 식탁을 대충 치우며 엄마에게 말했어요.

"아침 식사 준비를 해 보려고 했는데, 친구들이 벌써 도착해 버렸네. 친구들하고 같이 도서관에 가서 책 좀 빌리고, 근처 공원에서 놀다 올게요. 부엌 어지른 건 못 본 척 넘어가 주세요. 엄마!"

고봉이는 서둘러 옷을 챙겨 입고는 문을 열고 나갔습니다. 밖에는 루미와 형욱이가 고봉이를 기다리고 있었어요. 현관문이 닫히고 고봉이와 친구들이 웃으며 떠드는 소리가 멀어져 갔습니다. 엄마는 할 말을 잊은 채 고봉이가 나간 자리를 바라보았어요. 그리곤 볼을 꼬집어 봤지요.

**"평소 방에서 게임만 하던 우리 아들이 아니잖아…."**

그때 아빠가 안방에서 나와 조깅할 때 쓰는 줄넘기를 가지러 고봉이 방으로 들어갔습니다. 잠시 뒤 아빠는 방에서 종이 한 장을 들고 나왔어요.

"여보! 이리 와서 이것 좀 봐요!"

아빠는 고봉이가 그린 그림을 엄마에게 보여주었습니다. 종이에는 녹색의 숲과 아름다운 섬이 그려져 있었어요. 하늘에는 태양 빛이 가득하고, 푸른 벌판 위에는 다양한 모습의 사람들과 신기하게 생긴 동물들이 있었지요. 그것은 고봉이가 현실로 돌아오자마자 그린 고로고로 섬의 모습이었습니다. 엄마와 아빠는 그림 속에 펼쳐진 아름다운 모습이 놀랍기만 했어요.

친구들과 밖으로 나온 고봉이는 어느 낡고 허름한 건물 하나를 지나쳤습니다. 그곳은 바로 고로고로 섬으로 통하는 피시방이었지요. 건물 앞에서는 할아버지 한 분이 의자에 앉아 신문을 보고 계셨습니다. 전에 카운터에서 졸고 계셨던 그 할아버지였어요. 할아버지를 보고 고봉이는 묘한 기분을 느꼈습니다. 어디선가 본 기억이 났기 때문이었어요. 고봉이는 발길을 멈추어 할아버지의 얼굴을 자세히 바라보았습니다. 풍성한 흰색 수염이 난 할아버지는 바로 고로고로 섬의 백마법사와 꼭 닮아 있었습니다.

그때 피시방 안에서 마야와 똑같이 생긴 아르바이트생 누나가 할아버지를 모시고 들어갔어요. 고로고로 섬에 또 한명이 접속했다는 말과 함께요. 피시방 안으로 들어서던 누나는 고봉이를 향해 살짝 윙크를 했습니다.

'가끔 생각이 날 때면 찾아갈게요!'

고봉이는 안으로 사라지는 할아버지와 누나를 향해 마음속으로 대답했습니다. 그리고는 한결 가벼워진 발걸음으로 친구들과 함께 도서관으로 향했습니다.

## 게임에서 벗어나고 싶어요!

주인공인 최고봉은 게임에 푹 빠져 있었어요.
혹시 우리 친구들도 그렇지는 않나요?
게임 자체가 나쁜 것은 아니지만 너무 빠져들면 나쁜 점이 생긴답니다.
그럼, 어떤 나쁜 점이 있는지, 어떻게 하면 빠져나올 수 있는지 알아보도록 해요.

## 게임! 자꾸 빠져들어요!

### 1 해야 할 일을 모르겠어요!

학교 숙제나 공부, 친구들과의 놀이 등 우리 친구들이 해야 할 일을 하지 않고 게임만 한다면 '게임 중독'이라고 할 수 있어요.

### 2 시간 가는 줄 몰라요!

게임은 그 특성상 한 번 빠지게 되면 시간이 얼마나 흐르는지 모르는 경우가 많습니다. 때문에 시간을 정해두지 않으면 밤 늦게까지 게임을 계속하게 되고, 심한 경우 밤을 새우는 일도 생긴답니다. 또 잠을 잘 시간이 부족하기 때문에 생활하는 데도 불편함이 생긴답니다.

### 3 게임 속 세상이 현실 같아요!

게임에 너무 빠져들게 되면 게임 속 캐릭터를 나라고 생각할 수 있습니다. 그래서 게임 속에서나 가능한 일을 현실에서도 가능하다고 믿고 그대로 따라하는 경우도 생긴다고 하네요.

그리고 곤충 중에 박쥐를 보여주면 보통은 박쥐라고 이야기하지만 게임에 중독된 사람들은 박쥐와 비슷한 괴물의 이름을 말하는 일도 있답니다.

## 게임 중독 이렇게 예방해요!

### 1 시간을 정해서 해요

시간을 정해서 한다는 것은 자신이든 부모님이든 약속을 한다는 것이에요. 그리고 게임은 다른 할 일을 먼저 한 다음에 하는 것이 더 효과적입니다. 이때 식사 시간과 잠자는 시간도 함께 정하면 건강도 챙길 수 있고 충분한 잠을 잘 수 있답니다.

### 2 배경 음악을 끄고 게임을 해요!

배경 음악은 시간이 흐르는 것을 느낄 수 없게 하고 게임에 대한 집중도를 높이기 때문에 게임에 빠지게 되는 중요한 요소라고 합니다. 배경 음악을 끄는 것만으로도 좋은 예방 효과를 얻을 수 있습니다.

### 3 규칙적인 운동을 해요!

컴퓨터 게임을 하기 위해 불편한 자세로 오래 앉아 있다 보면 몸에 좋지 않는 영향을 주기도 하고 체력도 떨어진답니다. 게임 이외에도 친구들과 뛰어놀거나 가벼운 운동, 취미 생활을 가지면 컴퓨터로 인한 자세의 불균형을 예방할 수 있습니다.

### 게임 중독 예방을 위한 10계명

1 게임은 시간을 정해서 해요.

2 게임을 할 때는 배경 음악을 꺼요

3 규칙적인 운동을 해요.

4 잠은 제시간에 자요.

5 식사는 거르지 말아요.

6 컴퓨터를 하면서 음식을 먹지 않아요.

7 다른 취미 생활을 만들어요.

8 게임 이용에 대한 규칙을 정하고 지켜요.

9 가족이나 친구들과 함께 하는 시간을 가져요.

10 컴퓨터는 가족들이 모두 볼 수 있는 곳에 두어요.

선생님과 부모가 선정한

# 우리 아이 성장에 꼭 필요한 5가지

바른 인성 | 사회성 | 배려 | 끈기와 인내 | 용기

**저학년 권장도서**

## 어린이 자기계발 분야
## 베스트셀러 저자인 박비소리의
## 저학년을 위한 심리계발 도서!!

박비소리 지음 | 각 8,500원 | (185 x 235)

# 씨앤톡 좋은 친구 만들기 동화 시리즈

저학년 권장도서

학교를 다니다보면 마음이 맞는 친구도 있지만 거짓말을 하거나 괴롭히는 친구, 이성 친구, 잔소리하는 친구 등, 자신을 귀찮게 굴거나 피해를 주는 친구들이 생기게 마련입니다. 이번 시리즈에서는 이러한 친구들을 그저 피할 것이 아니라 어떻게 하면 좋은 친구로 만들 수 있는지 생각해 보는 기회를 가질 수 있습니다.

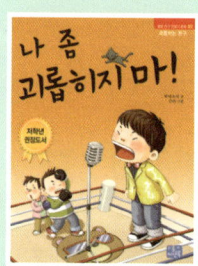

박비소리 지음
각권 8,500원